素材から読み解く

建築ガイド

architecture guide by materials

日本建築仕上学会

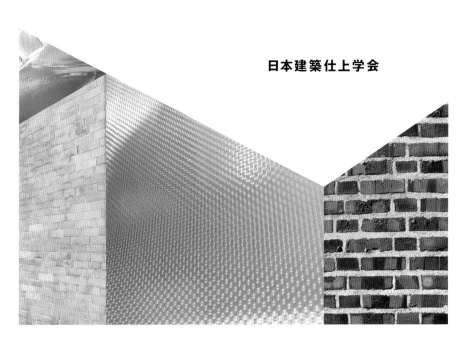

まえがき

　この度、日本建築仕上学会 30 周年を記念し、仕上げ材料目線の建築ガイドを作成する事になりました。この建築ガイドの構想は、2011 年に立ち上げられた日本建築学会 関東支部 建築材料教育 WG（主査：兼松学）、建築教育構想小委員会 材料・施工教育基本構想 WG（主査：田村雅紀）等において検討され、その後しばらくの休息期間を経て、日本建築仕上学会 30 周年の記念事業の一つとして、書籍化が実現する事になりました。

　世の中には建築 MAP、建築散歩、構造デザインマップなど、建築ガイドに関する書籍は書店に多数並んでいます。　一方、材料にフォーカスした建築ガイドは、残念ながらこれまでほとんど出版されてきませんでした。　特に仕上げ材料は建築物の印象を決める大きな要素であります。例えば建物の顔となるファサードは、確かにそのデザインが大切です。ですが、それに用いられる材料により、性能や実現可能性が決まると言っても過言ではありません。本書をご覧になった方と、材料目線で建築を見る楽しさを共有できれば幸いです。

　本書の発行に尽力して頂いた日本建築仕上学会の皆様と、編集を担当して下さった㈱テツアドー出版様に心から感謝致します。

2020 年 3 月

日本建築仕上学会 素材から読み解く建築ガイド WG 主査

石原 沙織

まえがき

目次

色 帯 の 機 能 と 凡 例

色帯について

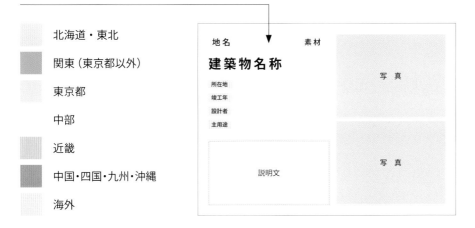

北海道・東北

関東（東京都以外）

東京都

中部

近畿

中国・四国・九州・沖縄

海外

　本書は素材ごとに建築物を分類しておりますが、上記凡例に示すとおり、建築物名称の上に所在地に応じた色帯を設けました。ページ端部から色帯を頼りに、所在地からも建築物を探すことができます。見学の計画を立てる際の一助となれば幸いです。

石

　街を歩けば、石の建材を見かけないことはない。古くは、人類による文明が発達
した後、ピラミッドなどの巨大建造物にも用いられており、遥か昔から、世界各地
の生活・都市基盤を形成するうえで重要な役割を担ってきた。

日本国内では、建築の歴史といえば 19 世紀末までは石造建築の歴史であり、石材
は、構造材料から仕上げ材に至る数多くの部位で使用され、建築の意匠的価値、更
には景観的価値にまで影響を与える存在となってきた。

　石材の原料となる岩石は、火成岩、堆積岩ならびに変成岩による成因からなり、
建築石材としての性能要求や施工方法が踏まえられ、最終的に花崗岩、砂岩、石灰
石ならびに大理石による 4 種類の石材が普及を果たした。

　これら石材に対し、たたき、びしゃん、割り肌などの手加工によるもの、ウォー
タージェット、ブラスト、ジェットバーナーなどの機械加工による表面仕上げを施
して、適用部位の用途に応じた、多様なテクスチャーを形成することができる。

　このように、石材としての基本特性と製造方法を理解した上で、建築の外部・内
部ならびに壁部・床部などの部位に適切に用いることで、建築の内外装を守り、彩
りを生み出す張り石壁による空間が成立する。　　　　　　　　　　　　　　（T）

タージ・マハル

所在地 Dharmapuri, Forest Colony, Tajganj, Agra, Uttar Pradesh 282001 インド

竣工年 1653年

設計者 不明

用途 墓廟

タージ・マハルは、インドが最も大きな力を持ったムガール帝国の時代、インド北部のアグラに第5代皇帝シェー・ジャハーンが愛妃ムムターズ・マハルのために建設した墓廟である。1632年に着工し毎日2万人の労働者で約20年かけ1653年に完成。イスラム建築の中でもバランスの良い、世界遺産（1983年に文化遺産に登録）の中でも卓越した美しさを誇る。中央のドームは二重構造で高さが58m、墓廟は56m四方で四隅が切り込まれた八角形をしている。墓廟は、高さ5.5mの基壇の上中央に建ち、四隅には4本の尖塔（ミナレット）がある。タージ・マハルの躯体は煉瓦で、仕上材料は白大理石、赤色砂岩、象嵌がメイン。白大理石、赤色砂岩は、国内、象嵌は世界各地から運ばれたといわれる。400年を経過し建築材料の劣化は激しく象嵌部分の色抜けや黒大理石が白色化したり、脱落、石材の剥落等も見られるが補修が繰り返されている。

敷地はヤムナー川の南、南北に560m、東西303mの長方形。観光では南の前庭から北に向かう。大楼門を抜けると中庭を挟んで正面に白い大理石の墓廟が浮かび上がる。幅が200mを超えるヤムナー川を背景に対岸に大きな建物が無いため幻想的な風景をつくっている。また、対岸に黒大理石で皇帝が自身の廟を造ろうとしたといわれているが実現していない。　　　　　　（Ki）

東京駅

所在地	東京都千代田区丸の内一丁目
竣工年	1914（復原工事完了 2012）年
設計者	辰野葛西設計事務所（辰野金吾、葛西萬司）
主用途	鉄道駅

東京駅は戦災で内装・屋根が失われ、戦後再建された。平成の復原工事（〜2012年）の際に、建築当初の3階建てに戻した上で外壁、尖塔、南北両ドームが復元された。その美しいドームは銅板葺と天然スレート葺きを組み合わせたもので、スレートには雄勝石と呼ばれる東北産の粘板岩が用いられている。粘板岩は加工性に優れ、曲げ強度も高いことから古くから屋根材として利用される。東京駅の雄勝石は、東日本大震災の際に津波で一度は水没したが、奇跡的に回収されて用いられた。中央線1番ホームからドームを間近に見ることが出来る。　　　　（Ka）

江之浦測候所

所在地	神奈川県小田原市江之浦 362-1
竣工年	2017年
設計者	杉本博司、新素材研究所
主用途	美術館

江の島測候所は、構想から建設に20年かけて作られたという。1万1500坪にいくつかの建築物が点在する。その中の一つのギャラリー棟は、大谷石が長い壁面に使われている。建物の片面は全てガラスが使われていることで、大谷石の壁面をどの角度からも見ることができる。入口のガラスが石壁面の外と内の繋がる空間を構築している。さらにこの敷地には地域の石、根府川石や小松石がふんだんに使われており、石の持つ荒々しさや雄大さを存分に堪能できる。　　　　（N）

ちょっ蔵広場

所在地	栃木県塩谷郡高根沢町宝積寺2416
竣工年	2006年
設計者	隈研吾建築都市設計事務所
主用途	集会場、展示場

網目に積まれた大谷石には古い米蔵の記憶が刻まれている。JR宝積寺駅前広場であるちょっ蔵広場の敷地には3棟の蔵があった。1棟は曳家して多目的ホールとし、残る2棟は解体、使われていた石を新築部分などに積み直した。石の表面には違いがあり、手作業のツル目が残るものは昭和初期、機械による滑らかなものは昭和中期の蔵の石である。これらの石をへの字型に加工し、鉄板と交互に積み重ねた。実質的に石と鉄が一体的に機能する構造で、鉄板の変形を石で拘束するため、鉄骨→塗装→石の3工程を一段毎に繰り返す工事となった。　　　　　　　(B)

芹沢銈介美術館本館
石水館

所在地	静岡県静岡市駿河区登呂五丁目10-5
竣工年	1981年
設計者	白井晟一研究所
主用途	美術館

荒々しく整えられ、蔦が茂る石積みの壁が土と木々の間から顔をのぞかせている。登呂遺跡に隣接して建つ美術館である。遺跡に面する北側の壁は大地に埋もれるかのように低く、道に面する西側は遺跡を守る砦のように高く変化する。外壁に用いられた紅雲石は設計者が名付けた赤御影石で、採石から仕上加工までの工程は韓国で行われた。当時残っていた職人の素朴な技術により、やわらかく素朴な表情となることが期待された。部材寸法やビシャンなどの仕上の密度を変化させ、限られた素材から様々な雰囲気の空間が生み出されている。　　(B)

土

　土といえば、農耕文化の始まりとともに使い始められた自然素材であり、城郭建築の荒壁には頑強な構造的性質を、そして市中の土蔵建物には土壁の耐火性を活かした保存機能を、数寄屋造の上塗り仕上げには簡素な意匠上の美しさなど、幅広く建材として普及を果たしてきた。

　この壁土の主材料は粘土であるが、粘土自身は、「膨潤に水を含む」ことで成立つ物質である。これは換言すると、水の存在が確認されている地球上の水成堆積物として存在するため地球唯一の材料ともいえる。また粘土の化学組成は、世界各地における火成岩の平均的な化学組成、つまりクラーク数をもとに推定された大陸地殻の化学組成に近い値になると考えられており、珪酸塩鉱物 (SiO2) が多分に含まれている。また粘土は、土粒子が占める「固相」、土壌水分が占める「液相」、土壌空気の占める「気相」の３相で構成される結果、小さい粘土粒子が粘着力で凝集し、液相と気相が一定量含まれた多くの間隙を有する鎖状の構造となっている。

　これら粘土を用いた壁土は、木舞壁下地に最初に塗る荒壁土による下塗り、荒壁の上に塗る中塗土、最終的な表面仕上げの上塗土に対し、適用箇所、用途ならびに作業性を踏まえて、砂、消石灰、のりを適切に選定し、十分な水合わせの期間を踏まえて施工される。近年、土壁を用いた数多くの歴史的な木造建築の保存・再生事例が増えているが、自然で安全な材料として再認識されることが増えているのかもしれない。

（T）

青森県立美術館

所在地	青森県青森市安田字近野185
竣工年	2006年
設計者	青木淳建築計画事務所
主用途	美術館

青森県は、豊かな風土に加え、隣接する三内丸山遺跡に観られる縄文のエネルギーを意識した芸術活動の場をこの建物に託し、整備した。青木淳設計による縄文の土が強く意識されたこの建物は、遺跡の壕のように、土で覆われた地面が幾何学的に切込まれ、上の量塊の凹凸が建築の基本構成となっている。量塊の中にある真白なホワイトキューブの展示室は土と対立しながらも共存する、結果として土の重厚感が強く感じられる空間となっている。なお、床には三和土のタタキ（土、生石灰、場合によりにがり混和）、壁には版築が使われており、土を内装に使うことで調湿能力等も発揮され、いわば空間が作品に先行する特別の展示空間が広がっている。　　　　　　　　　　(T)

三内丸山遺跡

所在地	青森県青森市大字三内字丸山
主用途	遺跡（大規模な集落跡）

復元考証監修：小山修三
発掘調査：青森県教育庁文化財保護課三内丸山遺跡保存活用推進室
発生年：縄文時代前期〜中期（紀元前約3,900〜2,200年）

三内丸山遺跡は、縄文時代における日本最大級の縄文集落である。1992年から始まった発掘調査により、竪穴建物跡、掘立柱建物跡、貯蔵穴、粘土採掘坑、道路跡などが見つかり、2000年に国特別史跡となった。主要な建物では、柱穴の直径・深さが約2m、間隔4.2mの位置に直径約1mの6本のクリ柱で構成された、最大長さ約32×10m程度の大型竪穴建物などの存在も確認されており、その復元建物を見ることができる。生活住居と墓を厳密に分けるなど、当時の生活形態や土地の使い分け、そして長期に渡り定住生活を営んだことなど、土と木の建物の様子が明らかになってきている。　　　　　　　　(T)

木

　人と木の結びつきは古く、人類にとって文明の発展に欠かせない素材が木材であった。燃料、建築資材、日用品として活用され、人が豊かな生活を送る上で欠かせない身近な材料である。さらに、地球温暖化への警鐘が叫ばれる現代では、木材や森林資源は炭素貯蔵庫としての役割をもった環境に優しい素材としても期待されている。

　わが国で建材として代表的に使われてきたスギ、ヒノキはもとより、木材の種類（樹種）は多岐にわたる。木材の性質を総じていえば、軽量で、強度があり、加工性がよく、柱・梁といった構造材として古くから建築物に用いられている。また、天然の素材であるため、樹種の違いや切断面の違いによって、さまざまな表情の模様（杢目）を出し、内装の装飾的な活用もできる。

　我が国は森林資源に富んでいたことから、地域に応じて木の特性を活かしながら、気候や風土に根ざした木材が建築物に用いられてきた。現存する世界最古の木造建築物である法隆寺や世界最大級の木造建築である東大寺大仏殿をはじめ、わが国には古い寺院建築が残されており、それらから当時の建築技術の高さをみることができる。また、現代の建築物においても、他の材料と趣が異なる素材感によって、暖かさや柔らかさ、あるいは親しみを感じさせるものが多い。　　　　　　　　（Ko）

木

東京都

材会館

地　東京都江東区新木場一丁目18
年　2009年
者　日建設計
途　事務所、集会場

会館は東京木材問屋協同組合の本
ルである。都市建築における木材利
いうテーマに対し、そのモデルケー
なるべく、誰もが採用しやすい方法

が模索された。ポイントは、入手しやす
い材料であること、不燃処理に頼らない
こと、仕上材として使用すること、の3点
である。

主に用いられたのはヒノキで、住宅にも
用いられる105角、材長3m、4mの一般
製材である。厚さ350mmに抑えたSRCの
壁と共に、リズミカルな外観を構成する
厚さ230mmの外装パネルは、角材をそ
のまま束ねたものである。また軒裏や天
井、およびデッキには厚さ30mmの挽き板

を使用している。厚みを持たせたことで
香りもたち、木の存在感が際立つように
なった。

耐火性能はSRC造で確保しているため、
外装では地表付近と層間部のみ不燃処
理材が使用された。内装では避難安全
検証法により内装制限が除外されてい
るため、天井や壁は無垢のままの木材で
仕上げられた。

執務室に隣接するテラスは、避難時間の
短縮と蓄煙空間の確保のために計画さ
れたものだが、無垢のヒノキで仕上げる
ことで、利用者のリフレッシュスペースと
して巧みに解決されている。

竣工時に印象的だったヒノキとスギ本実
化粧打ち放しコンクリートの色のコント
ラストは、風雨にさらされたヒノキが黄
色から銀灰色に変化することで一体と
なり、表情に親しみを添えている。　(B)

イタリア大使館別荘記念公園本邸
旧イタリア大使館夏季別荘

所在地	栃木県日光市中宮祠2482
	（イタリア大使館別荘記念公園内）
竣工年	1928年
設計者	アントニン・レーモンド
主用途	別荘

木漏れ日の下、木の皮と板が織りなす模様が華やかに浮かび上がる。旧イタリア大使館夏季別荘は中禅寺湖を一望できる湖畔の木立の中にある。内外の壁や天井の仕上げは、杉皮とサワラの割板を竹の押縁で模様張りしたものである。外壁の杉皮は定期的張り替えが見込まれており、復元工事を経て2000年に一般公開して以来、2019年に初めて改修工事が行われた。模様は部屋毎に異なり、主要室を左右対称に配置するクラシカルな平面計画ともあいまって、素朴な素材を用いながらも、気品を感じる空間が魅力的である。　　　　　　　　　　　　　（B）

馬頭広重美術館

所在地	栃木県那須郡那珂川町馬頭116-9
竣工年	2000年
設計者	隈研吾建築都市設計事務所
主用途	美術館

広重の線を思わせる繊細なルーバーに包まれたその姿は、背後に広がる森に溶けていくようである。歌川広重の浮世絵を含む青木コレクションを中心に所蔵する美術館。内外の空間を覆うのは、地元の八溝山産のスギ材を使用した30ミリ×60ミリのルーバーである。薬剤を含浸させて不燃化しているが、遠赤外線燻煙熱処理を施し、薬剤の浸透性を向上するとともに乾燥による材の割れやひずみを生じにくくしている。経年によりルーバーは銀色に変化し、木目も浮き出ているが、それらは建築に新たなやわらかさを添えているように感じられる。　　　　（B）

軽井沢聖パウロカトリック教会

所在地	長野県北佐久郡軽井沢町軽井沢 179
竣工年	1935 年
設計者	アントニン・レーモンド
主用途	教会および聖堂

軽井沢はそもそも宣教師達が開いた別荘地で、明治から大正期に建設された教会建築が数多くある。同教会は、1935 年に英国人のワード神父のもと、アントニン・レーモンドにより設計された歴史的建造物の一つである。木造平屋建の聖堂で、正面の祭壇には幾何学形の和紙が張られたガラス窓があり、天井は、高く吹抜けた手斧仕上げのトラス構造体による荒々しさがあり、レーモンド建築の力強さが見て取れる。丸太組屋根は今でこそ銅板葺きであるが、当初は柿葺きであった。山小屋風の三角屋根と塔が控えたこじんまりとした外観は、素朴で牧歌的な雰囲気を生み出しており、木の素材感が大きな役割を果たしている。

（T）

ラムネ温泉館

所在地	大分県竹田市直入町大字長湯 7676-2
竣工年	2005 年
設計者	藤森照信＋入江雅昭（IGA 建築計画）
主用途	温泉

一見すると珍妙な建物である。表面の黒い部分は岡山県地方の伝統的な技術の焼杉を用いている。一説によると焼くことにより表面に炭化層を形成し、水分に弱い木材の耐久性を高めているとも言われている。さらに黒くなることによって大きくなる温度膨張・収縮を吸収するために目地を設けており、そこに殺菌効果の高い漆喰を用いている。白と黒のコントラストはこのようにして誕生した。確かに約 10 年近く経過した後もカビ・腐朽は生じていない。屋上の松はこの地方の繁栄の象徴という。洒落の効いた、しかしなかなかに合理的な建物である。　（Im）

聖ベネディクト教会

所在地	スイス スンヴィッツ ／ Sumvitg, Switzerland
竣工年	1988 年
設計者	ピーター・ズントー
主用途	教会

ピーターズントーの出世作である。鱗のような木の外壁と内部
の神聖な空間が特徴的で、周囲の風景によく溶け込んでいる。
タイルのようなしかし非常にバリエーションに富む表情を持
つ外装を木で実現している。ところで右上の写真をご覧いただ
きたい。左右で材料の劣化の程度が異なることが分かる。これ
は背景にあるように日陰となる北（左）面の湿気が常に高いた
めであり、日射によって乾燥が卓越する右面とは異なる表情を
見せる。局所環境が生み出したエイジング建築のお手本であ
る。　　　　　　　　　　　　　　　　　　　　　　　　(Im)

写真／東京理科大学元学生

日本建築仕上学会賞受賞

尾鈴山蒸留所

竣工年	1998 年
設計者	武田光史建築デザイン事務所＋創建・設計事務所

所在地　宮崎県児湯郡木城町大字石河内 656-17

主用途　蒸留所（工場）

桐（くぬぎ）林と原生林をそのままつかうことを基本コンセプトに、森を少し切り聞いた場所に工場を作り、周囲を植
栽することで元の森を復元してゆくことを目指している。建物は、醸造機器の関係から内部構造は鉄骨、移動用の装置
をそのままの形でいかしている。外壁の木部はこの鉄骨に添わせるように建て込み自然な納まりである。別棟の建物は
現地の杉をふんだんに使った木造で、酵母の発酵を活かすように、素焼きの瓶や発酵棚がもうけられ、外壁は土壁塗、
断熱材は籾殻という自然素材によって構成されている。　　　　　　　　　　　　　　　　　　　　　　　　　　　(※

群馬県農業技術センター

竣工年	2013 年
設計者	SALHAUS

所在地　群馬県伊勢崎市西小保方町 493

主用途　庁舎

この構造は実験室のプランニングにもフレキシブルに対応できるものでもあり、断面90x75 mm、長さ4m の県産スギ材
を最大 6 本繋ぎ 1 本の梁とした。面剛性を確保するため上弦梁と下弦梁を 455 mmピッチで組んだスギ材を中央と両端
に配置した鉄骨柱の横架材間に張り、最大スパン23m を覆った。木材はガセットプレートを継手としてドリフトピン
を打ってつなげている。そして外周部の鉄骨軒桁に咬まされた張力導入用ボルトでたわみ具合を調整している。他、屋
根と一部外壁のガルバリウム鋼板や外壁の打放しコンクリートなど極一般的な仕上材ではあるが、鉄骨造と木造の合
成系という難易度の高い建築に果敢に取組んでいる。　　　　　　　　　　　　　　　　　　　　　　　　　　　(※

　木質材料とは、木材を一旦切断・切削して大小のエレメントに分解し、その後に接着剤等を用いて軸材料や面材料に再構成した材料である。木質材料の多くは、木材のもつ欠点（節や目切れなど）を除去、あるいは分散させることで平均強度を高くし、安定した品質の材料に変換する目的で製造される。また、断面が大きく長大スパンのはり材などの大材が得やすいこと、低品質な木材や、未利用樹材、工場廃材の利用を図ることができるなどの利点もある。

　代表的な木質材料のひとつに、単板（Veneer）を繊維と直行する方向に互い違いに接着剤で重ね合わせて製造される合板がある。現在の建築物には、木造建築物の壁・床・屋根等の下地材として合板が多く用いられている。合板の歴史は、古代エジプトにまでさかのぼり、薄く剥いだ板を接着した手法のものが発見されている。わが国でも正倉院の御物のなかに合せ板の手法によるものが発見されている。

　軸材料として活用される代表例が集成材である。原木を切断したひき板を縦つぎ、積層プレス接着加工され、大断面で長尺な部材（大断面集成材）を製造することができる。また、積層プレスの方法によっては、湾曲させた部材を得ることもできる。これまで大型の構造物といえば、鉄骨造やRC造であったが、集成材により柔らかい雰囲気の大空間構造を造ることが可能となった。　　　　　　　　（Ko）

木材仲買会館

所在地	大阪府大阪市西区南堀江 四丁目 18-10
竣工年	2013 年
設計者	竹中工務店
主用途	事務所

木材・木質材料を建築物の構造材料として用いるときの最大の障壁は「耐火性」である。これまでの火災事例や2019年におきた沖縄県首里城の火災にみられるように、一旦火がついた木材の姿はあまりに痛ましい。この「火」との戦いにどのように挑むかが木材・木質材料に関連するエンジニアたちの長年の課題であった。大阪に所在する木材仲買会館はこの課題の解として、燃え止まり設計を選択した。燃え止まり設計とは木部材が着火しても、構造的に必要な断面を確保するためにモルタルなどの不燃材料を木質部材の内部に配置した材料によって構造体の耐力を確保する設計である。内部に配置するため、木をパーツ化して再度組み立てなおす木質材料でしかこの方法は選択できない。木の美しさを保ちその弱点を現代の技術で補った、材料技術の結晶の一つとして位置付けられるであろう。木材仲買会館は史上初めて耐火性をクリアーした3階建て建築物として誕生した。右の写真をご覧いただきたい。人は木に包まれると自然と幸せな表情となる。　　　　（Im）

金沢駅東広場 鼓門

所在地	石川県金沢市木ノ新保町2
竣工年	2005年
設計者	トデック・白江建築研究所
主用途	モニュメント（門）

鼓門は、金沢の玄関とし駅前の広場に威風堂々と佇んでいる。木質構造を武骨に現したその構造は、もちろん無垢の製材では実現できない。カラマツの構造用集成材が用いられており、特に波うつ軒裏は湾曲した集成材が格子状に組まれ、街に誘うような伸びやかな曲面を演出している。集成材は、挽板または小角にした原材をフィンガージョイントなどにより縦継ぎし、接着剤により積層プレス加工を行うことで得ることが出来るが、これを湾曲させる場合、接着剤を塗布して積層したのちに、プレス機により強制的に湾曲して固定させて作製する。　　（Ka）

日本建築仕上学会賞受賞作品

ジーシー大坂営業所ビル

		竣工年	**2000年**	
		設計者	坂茂建築設計	
所在地	大阪府大阪市中央区南新町2丁目3-17	主用途	事務所	

オフィスビルに木材の使用を計画し、木製耐火被覆設計を実際に具現化したもの。木材は可燃性であるが、材料の厚さが大きくなると燃えしろ設計ができる。建築基準法の改正で、木材の厚さが25mmで30分、45mmで1時間の耐火被覆の性能が認められることになった。本作品では木材資源の有効活用から、厚さ25mmの難燃性パーティクルボード2枚を重ねて50mm相当とし、1時間の耐火時間を確保。耐火被覆材として使用された木材が内外装ともそのまま見えるように、ガラスを多用した透明感のあるデザインによって、木材のもつ暖かみが伝わってくる建築となっている。　　（※）

ウトコリミテッド室戸工場

		竣工年	2003年
		設計者	團紀彦建築設計事務所
所在地	高知県室戸市室戸岬3476-1	主用途	工場

外壁はボードを基板に、ガルバリウム鋼板にフッ素塗装仕上げの鋼板を縦ハゼ葺きという、工法としては珍しくはないものを採用している。屋根も同一仕様とし、大きい開口のサッシを施した面を除いて、全体を覆い尽くしている。その曲面の壁は自然環境に対抗していくというよりも同化し、一体となって強風を受け流しながら耐えていくという様に見えてくる。また、木造の架構はメンテナンスをより頻繁に行いやすくするために、インテリアを構成する要素として生かす計画であり、クリア塗装で木目を生かしている。　　（※）

　建築では構造材料でも使用される木材や木質材料をはじめ、多くの植物材料が使われている。例えば屋根葺き材、稲わら畳、和紙などが挙げられる。ここでは比較的加工度が低い屋根葺き材に使用されている植物に着目してみたい。

　屋根葺き材に使用されている植物として、茅葺きに使用されているススキ、チガヤ、ヨシ、アシなど、こけら葺きや栩葺きや板葺きに使用されているサワラ、スギ、クリなどの板材、檜皮葺きに使用されているヒノキの樹皮などが挙げられる。それらを屋根葺き材として施工するまでには採取、加工、施工の工程を経る。例えば檜皮葺きの檜皮の場合、ロープ一本で檜に登り、樹木の形成層を傷つけない様に木製のヘラを使用し樹皮を剥ぎ取る。その樹皮を厚みや形状毎に整え、施工時には加工された檜皮を十分に水で濡らしてから1枚1枚数センチ程度の竹釘で屋根の下地に留め付けていく。屋根葺き職人の方は、この竹釘をたっぷりと口に含み、口先から器用に一本一本竹釘を出し、驚くべき速さと一定のリズムで打ち付けていく様は、小気味よく正に職人技と言える。

　一方で風化により劣化するため、定期的な葺き替えが必要となるが、近年では耐久性を高めるための表面処理を行われた物を使用されている場合がある。　　　（Is）

川郷 合掌造り

地　　岐阜県大野郡白川村
途　　住宅

世界遺産にもなっている合掌づくりの集落であり、その屋根は茅葺きである。茅とはススキなどのイネ科等の多年草植物の総称であり、白川郷の茅葺きはススキで葺かれているものが多い。

白川郷に限らず合掌造りの屋根は、傾斜60度もの急勾配の屋根の上に非常に厚く葺かれている。雨をしのぐためにはこれほどの厚みは必要なく、主に断熱のために厚みを確保している。昔は囲炉裏からの煙により、茅や木材を腐食から守る燻蒸効果を得ていたと言う。また、昔は村落の周辺の山に茅場を持っていたが、現在では茅場の管理や再生も重要な課題となっている。

茅は秋に刈り、冬の間に乾燥させ、3月末から4月初めにかけて葺き替えを行う。葺き替えの周期は昔は50年、中には70年程度のものもあったが、現在では30〜40年程度と考えられている。近年では囲炉裏で薪などを焚かなくなったこと、葺き手の技術などにより寿命が短くなったことなどが原因だと考えられている。大勢で協力しながら一気に葺き替えを行う風習「結」があった。現在では「結」での葺き替えが少なくなってしまったが、生活の営みを維持するために住民同士が助け合う行う精神は、現在でも大切に受け継がれている。　　(Is)

屋上緑化

　日本最古の屋上緑化は、1864年に函館に建てられた妓楼の武蔵野楼であると言われている。その後RC造の普及と共に屋上緑化は急増し、最初期は客をもてなす等の休息の空間として設けられていたが、現在では環境改善効果、建物の保護効果、経済効果、癒しや園芸療法などの利用者に対する効果等、多岐に渡る効果を期待し、主に都市部において広く普及している。

　建築材料として屋上緑化を捉える場合、屋上緑化は屋根の防水押え層として考える事ができる。建物の屋上には、建物を水から守るための防水層が施工されるが、その防水層を露出した状態で仕上げる場合と、防水層を押さえるための何かを防水層の上に施工する場合がある。後者の「押さえるための何か」として、日本ではコンクリートが広く普及してきたが、海外では砂利が多い。押え層は、紫外線などから防水層の保護する役割を担うが、屋上緑化もこの押え層として機能する。すなわち、押え層としての機能を有しながら前述の様々な効果も得られる建築材料という事になる。現に、竣工後50〜60年以上経過している屋上緑化の下の防水層は、改修工事なしで不具合なく使用できている事例がほとんどである。ただし注意しなくてはいけない事は、維持管理を適切に行う点である。なぜならば、植物は放置するとどんどん成長し、根が防水層を突き破ってしまい、漏水を引き起こす可能性があるからだ。

(Is)

玉川高島屋
ショッピングセンター

地　東京都世田谷区玉川三丁目
　　17-1
年　1969年
者　松田平田設計
途　商業施設

玉川高島屋は開業以来長期間、継続的に屋上緑化、壁面緑化、外構部緑化などの緑地の創造と維持に取り組んできている。

2003年の南館増設の際には本館屋上庭園の改修と南館屋上庭園の増設をし、「NEW URBAN ADULT GARDEN CITY」のコンセプトの基、自然環境と共生した緑豊かな魅力的な街づくりに貢献している。

屋上緑化は4,100㎡と非常に広く、ゾーンごとに設定されたテーマに基づき、植栽計画がなされており、例えば「自然の恵み」をテーマにしたゾーンでは、リンゴやブドウなどの果樹を30種類以上植栽している。また、ユニバーサルデザインのため、幼児や高齢者でも安心して利用でき、休日には多くの子供が遊んでおり、年7回「親子自然散策ツアー」を開催し、学びの場としても利用されている。

芝生広場、高木による緑陰、水辺空間なども設けられており、植物の種類も高木から地被植物まで多くの植物が組み合わされ、四季折々の風景を楽しめる。社会・環境貢献緑地SEGES「都市のオアシス」の認定を受けている。また、近隣の二子玉川ライズでも同様に緑化されており、生物多様性「JHEP認証」の最高ランクを取得している。玉川高島屋見学時にはぜひ併せて見学に行って頂きたい。　　　　　　　　　　　(Is)

ラコリーナ近江八幡

所在地	滋賀県近江八幡市北之庄町615-1
竣工年	2015年
設計者	藤森照信、アキムラフライング・シー
主用途	店舗、工場、事務所

ここでは藤森照信氏らしい、かわいらしくユニークな緑化建築が見られる。水田を囲む様に草屋根、栗百本、草回廊と趣の異なる建築物が配置されており、いずれも勾配屋根にコウライシバを隙間なく植栽している。頂部に植えられているのは常緑針葉樹であるコウヤマキである。秋から冬にかけてコウライシバは休眠期に入り、枯れ茶色に変色するが、頂部の常緑のコウヤマキとのコントラストもまた面白い。

都心部にある屋上緑化とは一味違う緑化建築を味わえる空間である。　　　　　　　　　　　　　　　　　　　　（Is）

旧秋田商会ビル

所在地	山口県下関市南部町23-11
竣工年	1915年
設計者	西澤忠三郎
主用途	事務所

日本で現存している最古の屋上緑化と言われている。1915年竣工当初から「棲霞園」と名付けられた屋上庭園が備えられ、茶室や池も備えられている。樹木は約25種類、約60本あり、モッコクやマツなどの高木も多く、土壌は50cm程度盛られている。ヒアリングによると一度も防水層の改修をしておらず、また防水層の不具合による漏水は発生していないと言う。屋上緑化は防水層の保護層としての役割も担っている事が分かる。秋田商会は日清・日露戦争時に大きく飛躍を遂げた総合商社であり、この屋上庭園で賓客を屋上でもてなした事が想像される。　（Is）

煉瓦

　煉瓦は、紀元前8000年における日干煉瓦の登場に端を発し、世界中の建築壁材として多用されてきた。国内では、大陸から煉瓦製造技術が導入され、東京駅・丸の内口駅舎や法務省旧本館など、いわゆる赤煉瓦が多く製造され、特有の古風美による歴史と景観の彩りを与えてきた。

　煉瓦の製造は、地殻の表層材料である岩石、粘土などには、ケイ酸系無機鉱物が多く含まれているが、これらの粘土・砂などを水とともに調合し、土練機で練り上げ、押出成形する。続けて、ピアノ線で所定の寸法で切断した後、焼成して煉瓦製品となる．製造上の加工度が小さいことから、廃棄原料が少なく、原料の材料的性質が現れやすい建材といえる。

　トンネルキルンが登場した1960年代は、燃焼時に空気を送り込む酸化焼成が主流であり、粘土中に含まれる鉄分等の発色性のある無機成分を十分に酸化することで煉瓦は赤褐色となり、工業的に数多く生産されてきた。なお現在は、導入空気を制限してガス燃焼させる高温還元焼成が多く、鉄分等の価数が小さくなる結果、濃青〜緑色の色彩となる。

　煉瓦の施工は、壁構造とする場合、目地面に沿った破壊進展を避ける割付け計画が必要となる。国内では、壁面を見ると煉瓦の長手と小口が交互に積まれ、意匠的に華やかな図柄となるフランス積みと、煉瓦の長手だけの段と小口だけの段が一段置きに現れ．堅牢な積み方となるイギリス積みが普及した。　　　　　　　　(T)

三菱一号館

所在地	東京都千代田区丸の内二丁目6-2
竣工年	2009年（復元）
設計者	三菱地所設計
主用途	美術館

三菱一号館は、1894年に、ジョサイヤ・コンドルによりイギリス・クリーンアン様式の煉瓦造が建設されたが、1968年に経済的理由で解体された。2009年に当時の場所に三菱地所設計により現存する設計や当時の資料をもとに復元された。本建物には、当時に近い製造方法で造られた中国産の煉瓦が約230万個用いられている。新築でありながら、100年以上前の姿を復元し、東京駅をはじめ、煉瓦造が立ち並ぶ当時の丸の内を彷彿させる外観である。　　　　　　　　　　　　　　　(N)

信濃町煉瓦館

所在地	東京都新宿区信濃町35
竣工年	1995年
設計者	清水建設　設計本部
主用途	事務所

外苑東通りに沿って約125mの長さの巨大な煉瓦の壁が立ち上がる。まるで城壁の一部のような佇まいである。壁の背後に事務所スペースをまとめ、壁の内部にEV、階段、トイレ等を内包することで、彫りの深い量塊を実現した。壁の南端には直径22.5mの孔が穿たれ、そのスケールからは建築を都市へ接続しようとする強い意志が感じられる。煉瓦は韓国の登り窯で焼かれたホフマン煉瓦である。環境問題から今日では大量生産が難しいものの、窯変による赤から黒の模様が味わい深い。　　(B)

　漆喰は、消石灰をもとにノリ・すさ・角又・水を調合して練り混ぜられた伝統的な天然材料を用いた建築仕上材料である。消石灰に水が加わることによって水酸化カルシウムとなり、空気中の二酸化炭素を吸収しながら、徐々に炭酸化カルシウムへと変化するため、カーボンニュートラルな建材ともいえる。漆喰は、地域にある固有の顔料や素材などを用いて作られることも多いことから、地域的な特色も現れやすいともいえる。また、鏝絵といわれる漆喰を立体的に成形して作る技法もあり、海外ではフレスコ画として硬化時に着彩して耐久性のある特別な意匠性も付与できる仕上材料である。漆喰は調合から練り混ぜ、塗り仕上げまでの扱いに熟練した技術が必要であるが、近年ではあらかじめ工場で配合されている既調合漆喰も開発が進んでいる。現在、日本産業規格（JIS）類の整備も進んでいることから、住環境を整えてくれる自然にも優しい建築材料として再び着目がなされている。特に天然材料の持つ素材の特性を活かし、調湿性、防カビ性、ホルムアルデヒド吸着、消臭性などが保有する機能として確認されはじめていることは注目に値する。　　　　　　　　　　　　　　（N）

姫路城

所在地	兵庫県姫路市本町68
竣工年	1346年（築城年）
設計者	赤松貞範（築城主）
主用途	城

姫路城、別名は白鷺城と呼ばれ、姫路の観光・文化の中核となっている。江戸初期に建てられた天守等は、本格的な木造建築に漆喰仕上げの白が強調された外観であり、幾度の戦争からも焼失を免れ、現在までの永きにわたり城郭の姿を残してきた。それらは国宝や重要文化財に指定されるとともに、1993年にはユネスコの世界遺産リストにも登録されている。

平成の時代に、大天守の保存修理工事が行われた。これは世界遺産登録が契機となっている。旧来、解体・修理を前提とする日本的な木造建築物は、文化財のオーセンティシティの評価に課題があったが、そのような建築でも世界遺産として認められるような働きかけがなされ、最終的に文化財的な価値を認めるための「奈良ドキュメント」成立に繋がっている。

姫路城の大天守は江戸時代からの昔の姿のまま現在まで残る、国内最大規模のものといえ、壁面全体が白漆喰の総塗籠仕上げの大壁造となっている。防火・耐火・鉄砲への防御に加え、美観を兼ね備えた日本壁の最高品位に値するといえる。大天守の壁構成は、土壁と漆喰部分を合わせて約30〜45cmの厚さがあり、その仕上げ漆喰は、消石灰・貝灰・スサ・銀杏草を主材料と

した2〜3㎜の厚さで仕上げられ昭和〜平成時代の大修理で、外壁は約30㎜程度の厚みで、砂を加い江戸時代と同じ漆喰塗り工法でげられ、より一層雨風から建物を守る姿が実現されている。なお、の漆喰仕上げには、部分的に赤貝じみ・はまぐりなどの貝灰が用いている。石灰と比べて粒度が粗く結果、漆喰塗りがなめらかになりび割れが生じにくい仕上がりとなこのように、姫路城の漆喰は、将渡り永く保たれることが期待され喰の消石灰 Ca (OH) 2 も、自然なの下で時間をかけて水分がにじみ出大気中の炭酸ガスを取り込んで再灰石 CaCO3 に戻っていく、素材との本来の歩みも辿っていけそうで

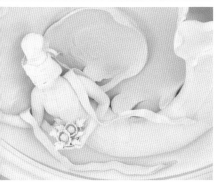

漆喰 静岡県

伊豆の長八美術館

所在地　静岡県賀茂郡松崎町松崎23
竣工年　1984年
設計者　石山修武ダムダン空間工作所
主用途　美術館

静岡・松崎の出身で江戸末期から明治初期の左官の名工として名をあげた、入江長八が製作した漆喰鏝絵を展示する美術館であり、1984年に創立された。建物の設計は石山修武によるものであり、現在は、市民に親しまれ地域に根ざした優れた公共建築を表彰する、公共建築百選に選定されている。建物の施工には、全国の有能な左官職人が集まり、伝統の左官技術を生かして施設自身を建設しており、江戸時代と今日の21世紀が融合された建物として、吉田五十八賞を受賞しており、世界的な建築物としても注目されている。　　　　　　　　　　　(T)

日本建築仕上学会賞受賞作品

清泉女子大学本館
耐震改修

所在地　東京都品川区東五反田三丁目16-21
竣工年　1995年（2010年改修）
設計者　三菱地所設計
主用途　校舎

この建物の構造軀体は煉瓦組積造。改修工事では、煉瓦壁軀体の耐震補強工事、屋根の小屋組、野地板の補修と屋根葺き材の更新、そのほか天井の修復、内装全般の補修を行っている。煉瓦壁内部に垂直に直径53 mmの穴を削孔しPC鋼棒を通し、壁体にプレストレスを掛ける無水削孔方式によるプレストレス工法を用いて耐力靱性補強を行っている。削孔は、周囲への汚れを考慮して水を使わず空冷式で行うこととし削孔機器を壁上部に固定することで精度管理を行っている。　　　　　　　　　　　(※)

　「石膏」の歴史は、紀元前7000年の古代エジプトの王の石棺に使われていたことに始まる。当時は、道路舗装や彫刻などに主に用いられることが多かった。石膏は、海水成分であるカルシウムや硫黄分が固化した物質に、水が結合することで成り立つ水硬性材料であり、現在は、化石燃料などの燃焼に伴い発生する硫黄系酸化物を回収し、それらを石膏原料に使用できるようになった。石膏が固まった後、乾燥による収縮で亀裂が生じにくく、かつ防火性が認められたため、アメリカやヨーロッパでは木造住宅に石膏プラスターを塗り、不燃性を確保する目的で積極的に用いられるようになった。1928年ごろから世界各地で使い始められ、水の結合性に伴う施工性が悪かった点なども解消され、建物の内外に用い、コンクリートや煉瓦の上に直接用いられることもあった。現在は、石膏プラスターよりも石膏ボードとしての製品開発が進み、建物の内装下地への使用が主流となっている。　　　　　（N）

本生命
比谷ビル

地　東京都千代田区有楽町一丁目
　　1-1
年　1963年
者　村野、森建築事務所
途　事務所、劇場、会議室

をイメージした不思議な空間は村
吾の設計によって1963年に完成し
天井には約2万枚のアコヤ貝が貼
ている。この空間を構成する曲面

はボードでは作れない。こて塗によっ
てあらゆる形状を作り出すことのでき
る「左官」こそがこの空間の施工には
うってつけである。一方、天井部まで含
めたこの曲面を施工するとなると、塗
付けた材料の天上面などからのダレを
防ぐためなるべく硬化の早いものでな
ければならない。左官の材料には漆喰、
土などあるが最も硬化の早いものが石
膏である。この石膏は耐水性に劣る欠
点はあるが、ここでは雨掛かりの心配
が要らない。施工条件・材料の性質の
双方を満足する最適素材としての石膏
塗りによってこの空間は構築された。

この建物の各階のホワイエの天井に
は石膏ボードが用いられている。石膏
ボードといえば安普請的なイメージが
無い訳ではないが、村野の手にかかる
と孔から明かりのこぼれる幻想的な空
間を生み出す建築材料となる。
余談であるが、この日生劇場の隣には
フランク・ロイド・ライトの設計した
帝国ホテルがあった。写真1の窓は実
は、このホテルに入る客を見下ろすた
めのものであった。古き良き大らかな
時代を感じさせる。　　　　　　（Im）

▽写真1

タイル

　タイルとはラテン語のテグラ（Tegula）を語源とした用語で「覆う」、「被せる」といった意味を持つ。タイルの起源は、B.C.5000 年頃に用いられていた煉瓦に遡る。この煉瓦が 1500 年を経た B.C.3500 年頃に、今日の施柚タイルとしてエジプトで作られ、その後に継承されてゆく。現在、最古のタイルは、このエジプトにある階段ピラミッドの地下通廊の壁に張られていた水色のタイルであるといわれている。日本に始めてタイルが登場するのは飛鳥時代で、百済から仏像と経典が伝来した後、仏舎利とともに、仏寺を造営するのに必要な寺工、画工、瓦博士が送られてきたことが日本書紀に伝えている。日本での最初のタイルは、この瓦技術をもとにつくられた寺院建築の屋根瓦、腰瓦、敷瓦であり、1922 年に「タイル」に名称が統一された。劣化、変色しがたく、酸やアルカリなどの化学的作用や、また火熱や磨耗に対する物理的作用に対して安定しているといった機能を有している。近年、多くの建物調査において黎明期のタイル建築のコンクリート保護性能に関する調査研究が行われているが、剥離していない限り、その機能はまさに一級品であることが改めて明らかとなっている。美しく、そしてたくましい建築材料の代表格であろう。　　　（Im）

紀伊国屋ビルディング

所在地	東京都新宿区新宿三丁目 17-7
竣工年	1964 年
設計者	前川國男
主用途	店舗

日本のモダニズム建築を牽引した前川國男は、打込タイルを開発したことでも知られる。タイルを型枠に取付けた桟木に留め付け、コンクリートを打込み一体化する工法で、大判タイルの施工に適している。目地モルタルが無いこと、釘孔がタイルに空いていること（目地底等に見える）、必要に応じてセパレータを通す孔がタイル中央に空いていること、などの特徴を見ることが出来る。紀伊国屋ビルディング以外にも、国立西洋美術館新館や東京都美術館などでも同様の工法が用いられている。是非、タイルの孔を見つけて建築家の創意工夫に思い致して欲しい。

(Ka)

森鴎外記念館

所在地	東京都文京区千駄木一丁目 23-4
竣工年	2012 年
設計者	陶器二三雄建築研究所
主用途	資料館

明治の文豪森鴎外の住居「観潮楼」の跡地に、生誕 150 年を記念して建てられた記念館である。鴎外も散歩に出かけた薮下通りへ抜ける路地状通路には正門の門柱の礎石や敷石、三人冗語の石、大銀杏など往時をしのばせるものが今も保存されている。その路地の床と壁はせっ器質タイルで仕上げられ、様々な大きさと角度でつくる壁面のリズムが訪れる人を誘う。色むらを活かしながらタイルを張ったのち、職人がグラインダーで平滑に研磨することで、粗面とエッジのシャープが両立した凛とした表情を獲得している。

(B)

東京大学工学部１号館他

所在地	東京都文京区本郷七丁目3-1
竣工年	1935年
設計者	内田祥三
主用途	大学施設

F・L・ライト設計による帝国ホテル（1923年）の外壁には、大谷石と常滑産スクラッチ煉瓦が使われ、当時、一世を風靡した。スクラッチ煉瓦は、煉瓦の表部分にスクラッチ模様を施した無釉煉瓦だったが、その後スクラッチタイルに代わり、大学や官公庁舎の仕上げとして各地に普及した。東京大学のスクラッチタイル仕上げは、いわゆる内田ゴシックを特徴づけるファサードとしてキャンパス計画に取り入れられた。今でも、正門から安田講堂につながる銀杏並木と、図書館から建築学科の入る工学部一号館の通りの交わるエリアに見ることが出来る。　（Ka）

日本建築仕上学会賞受賞

駒沢大学深沢キャンパス深沢校舎

所在地	東京都世田谷区深沢六丁目8-18
竣工年	2006年
設計者	久米設計
主用途	校舎

サクラの木を残し、石垣の再利用がなされ、さらに復元された「洋館」のインテリアは独特な仕上げとなっており、新校舎の内外装材の選択もそれに大きくインスパイアされた。その一つが、ファサードのテラッコッタルーバーで焼物素材の特徴である焼ムラによる色幅を表しており、自然素材ならではの温かみがあり、横に三列重ね合わせることで、ボリューム感のあるルーバーを表現。全体を覆うカーテンウォールとの対比も効果的で、開口部の金属フレームとの取り合いも美しいディテール処理になっている。また、インテリアでは木質系の素材や珪藻土がふんだんに用いられ、落着いた内装となっている。特徴的なものがエントランスホールの「木・アルミ複合断熱カーテンウォール」とトップライト。主要構造を天然木集成材で構成。　（※）

　瓦は、飛鳥時代より使用されるセラミック材料の代表格の建材である。日本最古の瓦は、蘇我馬子が造った飛鳥寺（法隆寺）の瓦とされており、その後、国内各地に広まった仏教の寺造りと共に、重厚な印象を与える瓦屋根が広がった。今日ある粘土瓦は、伝統的な本瓦に加え、形状によりJ形、F形、S形の3種類に、製法によっては、いぶし瓦、釉薬瓦、塩焼瓦、素焼瓦の4種類に分けられる。日本の瓦の3大生産地は、三州瓦（愛知）、淡路瓦（兵庫）、石州瓦（島根）が挙げられ、地域で産出する粘土を原料とすることから、地域固有の色調が得られ、景観色への影響も大きい。現在、施工性や耐震・耐風性、更には意匠性など様々な観点から改良が加えられており、セメント複合材料系の瓦などの普及を始め、屋根以外の壁や床などの部位への利用展開も試みられている。　　　　　　　　　　　　　　　　　　　　　（N）

慶応義塾三田演説館

所在地	東京都港区三田二丁目 15-45
竣工年	1875 年
設計者	福沢諭吉
主用途	演説館

海鼠壁を粋にまとう洋館である。三田演説館は演説のための建築として明治 8 年に福沢諭吉が建てたものである。歴史的には東京に残る最古の洋館であり、伝統的仕上である海鼠壁を用いた擬洋風建築の好例として貴重である。その歴史的価値もさることながら、海鼠壁を味わうにはうってつけの建築なのである。盛り上がった目地や瓦と漆喰の色のコントラストは、使い方次第でアクが強くなりすぎてしまう。三田演説館は単純な構成、装飾を抑え整理された立面により、仕立てのよいスーツのように、海鼠壁の面白さがすっきりと表されている。　　　（B）

群馬歴史博物館

所在地	群馬県高崎市綿貫町 992-1
竣工年	1979 年（改修 2016 年）
設計者	大髙正人
主用途	博物館

群馬県では藤岡瓦と呼ばれる瓦がある。この瓦を用いてコンクリートと打設することで、「瓦ブリック」を作り上げた。製造過程では、屋根と外壁の要求性能の違いから試行錯誤を繰り返したという。屋根として遠くから見ていた地元の瓦が違う形で壁に用いられる例は、素材をまじかに見ることができ、地域の素材が用いられている建築物がより身近になる事例といえよう。　　　（N）

写真／日本大学元学生

瓦	奈良県

元興寺（極楽坊）

所在地　奈良県奈良市中院町11
竣工年　593年
設計者　蘇我馬子（開基）
主用途　寺社

西暦593年の飛鳥時代、日本最古の本格的仏教寺院であり、元興寺の源流となる法興寺が創建された。以後、1400年以上の時を経た現在、世界最古レベルの木造建築であり、日本最古の屋根瓦を今に残している。元興寺極楽坊と称されており、極楽坊の本堂・禅室・五重小塔は国宝、ほか東門などは重要文化財に指定され、建物全体は、世界遺産となっている。

極楽坊の本堂と禅室では、当初の軒平瓦が今も使われており、通常の本瓦との違いが、上部が細くすぼまり、下部が幅広くなる独特の形をし、丸瓦も平瓦も重なり合って葺かれる点である。これは、法興寺創建当初の飛鳥時代の古式瓦であることを示し、この並べ方を一般に「行基葺」と呼ぶ。　　　　　(T)

日本建築仕上学会賞受賞作品

大坂弁護士会館

所在地　大阪府大阪市北区西天満一丁目12-5
竣工年　2006年
設計者　日建設計
主用途　事務所

外装の高層部はガラスボックスを覆う構造体、柱と梁のサイズを450㎜角に揃えた格子で表現されている。格子は鉄骨の柱、梁を大型陶器質パネルで覆い、低層部は陶器質煉瓦440㎜×85㎜×75㎜（奥行き）の大型特注サイズで、中央で三種類のむくりをつけたものと、フラットなもの4種類の異なる煉瓦でひとつずつ出入りをつけて積みあげられて深い陰影を表現している。1階エントランスロビーの床には外壁パネル焼成後に捨てられる陶板を使用している。　　　　　(※)

コンクリート

　セメントと水の他、細骨材・粗骨材および混和材などを混合したものである。コンクリートの起源はローマ時代に遡り、このときの結合材は、石灰あるいはそれと火山灰との混合物であった。現代のセメントは1824年に発明された。コンクリートは圧縮力に対して強く、また熱や紫外線などに対して耐久的である一方で、引張力に弱い。この引張力に対する抵抗力を補う意味で鉄筋が用いられる。実はこの鉄筋コンクリートが発明したのは植木職人（1867年 Joseph Monier）である。日本の建築においては1905年に佐世保港内の潜水器具庫として初めて適用された。ここで紹介する意匠的な打放し建築物や、セメント量を多くした高強度コンクリートによって超高層マンションを造ることも可能である。一方で材料の使用割合を変えて写真のようなテクスチャー（ブルーダー・クラウス・フィールド・チャペル　設計：ピーター・ズントー）も作り出すことができる。日本では現在年間約1億㎥（東京ドーム約80杯分）のコンクリートが用いられており、鉄鋼と並ぶ構造材料の代表格である。

　一方、ほとんどの建築材料は既製品（形が完成した形）として施工現場に搬入されるが、このコンクリートだけは半生製品（まだ固まらない状態）で搬入される。この意味でも非常に特異な材料といえよう。　　　　　　　　　　　　　　　　　（Im）

ー学セミナーハウス本館
益財団法人セミナーハウス

地　東京都八王子市下柚木 1987-1
年　1965 年
者　吉阪隆正＋U 研究室
途　研修施設

セミナーハウスは、八王子市の多
陵にある敷地面積 70000 ㎡を越
土地に、学生・教職員をはじめ一
社会人も利用することができる
研修施設である。大小様々なユ
クな形の建築物が周りの自然に溶
って見事な景観を作り上げており、
の拡張にともない、段階的に建物
新されている。
セミナーハウス本館はこのセミ
ナーハウスの交流の中心となる建物で
あり、ル・コルビュジエの弟子であり
当時早稲田大学教授であった吉阪隆
正＋U 研究室による設計、清水建設に
よる施工で 1965 年に開館した、4 階
建ての鉄筋コンクリート造の建物であ
る。1999 年には日本の近代建築 20 選
（DOCOMOMO JAPAN 選定）に、2017
年には東京都選定歴史的建造物に選定
されている。
「大地に知の楔（くさび）」をコンセプト
とした本館は、吉阪隆正が到達した設
計理念である「不連続統一体」を最後の
集大成として体現した作品といわれて
おり、日本の近代建築の中でも異質な
建築ともいわれている。その特異な形
態外観を感じながら歩くと、まず地面
に突き刺さる逆三角形のコンクリート
に圧倒される。その他、玄関の庇もピラ
ミッドの形をしており、柱や梁を消す手
法により、ピロティや横長の連続窓な
どもなく、巨大で傾斜した壁が連続的
に繋がり、コンクリートの存在感が協
調されるような空間が内外ともに続い
ている。　　　　　　　　　　　　（T）

写真／「近代建築の楽しみ」より

国立西洋美術館本館

所在地	東京都台東区上野公園七丁目7
竣工年	1959年
設計者	ル・コルビュジエ （設計補助：坂倉準三、前川國男、吉阪隆正）
主用途	美術館

合板型枠が普及していなかった時代に建設された国立西洋美術館では、丸柱のせき板に一般的な杉板ではなく希少な松材である姫小松が用いられていた。ル・コルビュジエはこの打放しコンクリート仕上げを、日本人独特の工作の腕と素晴らしい職業的良心のたまものだと評価した。一方、この現場を任された清水建設の森丘四郎（1906~1992）は、ル・コルビュジエの弟子である前川國男設計の建物の施工を過去にいくつも手掛けており、この西洋美術館においても前川からの強い要望によって現場の主任となった。美しい打放しコンクリートは職能と情熱と人の繋がりによって生まれる。　　　　　　　　　　（Im）

群馬音楽センター

所在地	群馬県高崎市高松町28-2
竣工年	1961年
設計者	アントニン・レーモンド
主用途	音楽ホール

フランク・ロイド・ライトのスタッフとして来日したアントニン・レーモンドは、そのまま日本に残り、世界に先駆けてコンクリート打放し仕上げの表現を追求した。そのひとつの集大成ともいう作品が群馬音楽センターである。外観を特徴づける折板状の壁は、ホールの内部では折板のアーチ構造として60m以上におよぶ大空間の実現を担っている。本実の杉板型枠を写した木目調のコンクリートは、アーチの間を埋める木質パネルの壁面と光の帯を隔てて調和し、舞台に引き込まれるような感覚を与える。コンクリート表現のひとつの極みである。　　　　　　（Ka）

40

セメント系材料などの無機系材料は有機系材料に比べて紫外線などによって侵されにくいため外装材に用いられることが多い。ただし耐久的である反面脆性的であるため、短繊維を混入するかもしくは補強筋を用いてその欠点を補う方策が取られる。繊維強化セメント系材料は、セメントなどの無機系材料と補強繊維を組み合わせることにより、相互の欠点を補った建築材料である。不燃性を有し寸法安定性および耐久性に優れる特性以外に高い曲げ強度を有する。鉄筋コンクリート部材と比べて薄肉部材とすることができるのが大きな長所であり、建築物においては外壁や屋根材などに用いられることが多い。

一方 ALC は、Autoclaved Lightweight Concrete の略であり、1923 年に北欧スウェーデンで、本来は断熱性を有しかつ耐火性のある建築材料として開発された。セメントスラリー中にアルミ粉末の発泡作用により空気を導入することにより製造される。近年では軽量であるなどの特徴を活かし、構造躯体への質量的な負担軽減を図る目的で比較的低層の鉄骨構造建物や住宅の外壁などに用いられることが多い。　　(Im)

長野県　　　　　　　　セメント系

まつもと市民芸術館

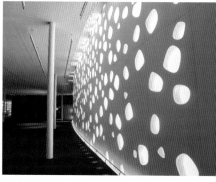

所在地	長野県松本市深志三丁目 10-1
竣工年	2003 年
設計者	伊藤豊雄
主用途	音楽ホールなど複合施設

灯篭のように光をちりばめて緩やかな曲面を描く白い壁は、ガラス象嵌 GRC（ガラス繊維強化セメント）パネルと呼ばれ、象嵌の粗密で空間に流れるような光のグラデーションを作り出す。この美しい仕掛けは、ガラス部分に GRC を流し込んだプレキャストパネルとして作製され、ガラス部分には半透明の断熱材を封入して柔らかい光を透過させるとともに、夜間には内蔵した石英光ファイバにより照明としても機能している。同氏の作品である MIKIMOTO Ginza 2 では、同様の象嵌状のガラス開口をちりばめた外壁を鋼板コンクリート構造（CFSP）により実現している。

（Ka）

日本建築仕上学会賞受賞

市立米沢図書館・よねざわ市民ギャラリー

所在地	山形県米沢市中央入一丁目 14-6	設計者	山下設計
竣工年	2016 年	主用途	図書館、ギャラリー

市内、米沢城北東側に立地。外壁は水蒸気で熱処理し耐久性を持たせた米沢産の杉材の厚さ 100 ㎜のパネルで親しみやすい材質感を活かした外断熱構法とし、地域との調和を図っている。冬寒く多雪で夏も暑い気候に対処して、各階に庇を設け、建物一階の外周には「こまや」と呼ばれる広い軒下空間をつくり、雨や雪をしのぎながら通行できる他、開口部に伝統的な雪囲いに当たる機能を持つパネルを装填できる工夫もなされている。

（※）

ARIA DI FIRENZ

所在地	山梨県甲府市川田町アリア	設計者	北川原温建築都市研究所
竣工年	1995（7ha 全体 2004）年	主用途	事務所、工場、ギャラリー、 コミュニティホール、教会、迎賓館、結婚式場

多数の企業社屋と共同の集会場の計 10 棟より構成されている小都市で、伝統的な仕上げ技術や最先端の構法が活かされている。仕上げ面では、打放コンクリート、アクリル系吹付け、コールテン鋼パネル、エマルジョン系複層塗膜、フッ素樹脂鋼板パネル、アルミカーテンウォール、カラー漆喰など多くの材料が全体の統一を保ちながら外部に巧みに用いられている。そして、集会所の壁に和紙クロス、ホールの床を豆砂利の洗い出し仕上げとするなど伝統的な構法・材料を用いている。

（※

ガラス

　建築材料は、光を反射することによりその存在を主張する。この点で、ガラスは一般的な建築材料とは対極をなすユニークな材料といえる。このガラスと人類の付合いは非常に古く紀元前に遡り、主に勾玉などの装飾品や工芸品にとして用いられていた。ガラスが建築物の重要な素材であることを世界に示したのは、1851年ロンドンの第一回万国博覧会のクリスタルパレスである。以降、ミース・ファン・デルローエのガラスカーテンウォールの摩天楼構想を経て建築材料における不動の地位を築き上げた。今ではガラスを使わない建築物はむしろ無いといっても過言ではないであろう。

　ところでガラスは天然の石材である珪砂を約1600℃で溶融してそれを冷却して造られる。珪砂自体は珪素（Si）の規則性のある結晶構造からなるが、ガラスは溶融・冷却を経て結晶構造が不規則となる。この不規則な結晶構造が光を通過させるため、ガラスは「透明」となる。固体の定義が規則性のある結晶構造をもつこととすると、ガラスは無限に大きな粘性をもつ「液体」ということになる。

　ガラスは実に不思議な建築材料である。　　　　　　　　　　　　　　　（Im）

メゾン エルメス

所在地	東京都中央区銀座五丁目4-1
竣工年	2001年
設計者	レンゾ・ピアノ・ビルディング・ワークショップ
主用途	店舗、事務所、展示場

銀座という場所に溶け込み、かつ普遍性のある質を表現してほしいという要望に対し、ガラスブロックをこだわりぬいて用いることで、それに応えてみせた。特筆すべきはガラスブロックの取付を乾式工法とした点である。具体的には縦一列に9個のブロックを納めたステンレス枠を躯体から吊り下げている。

一般的である湿式工法の場合、ブロック同士をモルタルにより固定するため、一定の範囲でジョイントを設け、地震や熱応力による変位を吸収する必要がある。その結果、ファサードはまずジョイントの大目地で分割されてしまう。これに対し乾式工法では、ブロック同士の間で変位を吸収するため、目地幅が統一され、ファサード全体がガラスブロックで織りなされた一枚の被膜となる。ただ乾式工法では耐火性能を確保することが難しい。メゾンエルメスではパリで8回、日本で5回の事前試験を

通じ、バックアップ材に耐火ゴム等、地部に耐火シールを用いるディテを開発し、耐火20分の認定を取得いる。

さらにガラスブロックの大型化、にそいだ端部ディテール、層間部込まれた照明器具などの工夫を加ガラスブロックのもつ、光のうつを自身に映し込むという特質が建体の表現へと拡張された。詩的美と耐火性能の両方を実現するべく熱を傾けた設計者・施工者の姿はを大切にし、ストイックなまでにわるエルメス社の仕事と重なるよある。

プラダ青山店

所在地	東京都港区南青山五丁目 2-6
竣工年	2003 年
設計者	ヘルツォーク＆ド・ムーロン
主用途	店舗

この印象的なガラス建築の実現には、数多くの技術的課題の克服が必要であった。透明なガラス越しに見える構造部材や支持部材はときに興ざめであり、如何にガラスを支えるかはガラスファサードの設計の要となる。特徴的な斜め格子構造は、文字通り構造体であり、それを補完する要素として免震構造が採用されている。また、一見同じような羽目殺し窓であるが、非常用進入口となる窓や、排煙窓には特殊な開閉機能が付与されているし、層間にまたぐスラブには層間区画への対応がなされている。それら一切を包み隠した泡のような姿が美しい。　　　(Ka)

葛西臨海公園
展望広場レストハウス
クリスタルビュー

所在地	東京都江戸川区臨海町六丁目
竣工年	1995 年
設計者	谷口吉生
主用途	レストハウス

葛西臨海公園の丘に建つこの建物は、限りない透明感で東京湾の空と海を切り取る。この空間経験は、すべての構成要素の物質的存在感を限りなくそぎ落とすことで実現した。そのひとつの要素として、当時国内ではほとんど実用例の無かった高透過ガラスが採用されている。一般に建築に用いられるフロート板ガラスは、ガラス原料に含まれる微量の酸化鉄に起因してわずかに青緑色をしている。高透過ガラスは、鉄分の含有量を低減させ青みを抑え、可視光透過率を高めたガラスで、まるで空気のようにそこに存在する。　　　(Ka)

石川県　　　　　　　　　　ガラス

金沢21世紀美術館

所在地	石川県金沢市広坂一丁目
竣工年	2004年
設計者	妹島和世＋西沢立衛/SANAA
主用途	美術館

金沢21世紀美術館は円形の平面形状をしており、全周を曲面ガラスが覆っている。何気なく歩くだけでは感じないが、透明度の高い巨大な曲面ガラスを通してみる内外は、全く歪みが無く、ガラスが繊細なスクリーンとなって視界に溶け込み、建築の境界を曖昧にしている。半径約57mの円周を構成するには、約3m×4.5mの高透過ガラスを弧高寸法約20㎜という極めて浅い曲げ加工を施す必要があったが、数多くの技術的課題を克服して実現することが出来た。まさに、ガラスの存在を「感じない」ことがこの建築の技術的成功を意味していると言える。　　　（Ka）

日本建築仕上学会賞受賞

松屋銀座リノベイション

所在地	東京都中央区銀座三丁目6-1
竣工年	2006（改修）年
設計者	大成建設　設計本部
主用途	商業施設

外装仕上の新たな改修手法の創出。現在の百貨店に相応しい意匠性は、百貨店のCI、包装紙の刷新と同時にデザイナー原研哉氏との協働から導かれた。既存の金属カーテンウオールは、仕上材としてのガラス壁＋エンボス加工された白いアルミパネルの二重カーテンウオールに刷新された。改修が故の法規的かつ寸法的な制約下で、透明性と奥行き感がある外装である。街区全体にわたる二階から上部の外装と、一部新設ブレースを見せている出入り口やショウウインドウを持つ一階外装は大きく対比されてメリハリを出している。また一階にはブランド店の特徴ある二重性のあるガラス壁を包括して多面的な顔を持っている。　　　（※）

プラ ス
チック

　素材としてのプラスチックは、「人工的に合成された高分子物質で可塑性のある
もの」である。プラスチックは粘弾性をもち、複雑な形にも加工が可能で、建材に
限らず、自動車、家電製品、容器などに用いられており、現代では人間の生活に欠
かすことができない素材である。

　工業的にプラスチック（合成樹脂）が製品化されたのは、1851年のエボナイトで、
1868年のセルロイドと続く。しかしこれらは、天然ゴムやセルロースといった天
然高分子を原料とするため半合成品といえ、合成品としての最初のプラスチック
は、ベークライトが発明したフェノール樹脂（1907年）である。以降、高分子の合
成研究が盛んになり、1930～40年代にはポリエステルやナイロンなどの高分子
が合成され、次々に多くのプラスチックが開発された。

　プラスチック製品は、原料となる高分子に充填材等を混合し、これを加熱して可
塑化したものを加圧などによって成形する。成形されたものはさらに、曲げ、接着、
印刷、塗装などの加工処理をして製品となる。ポリ塩化ビニル、ポリエチレンなど
高分子の種類にはさまざまなものがあり、密度・強度・熱的性質などが異なり、そ
れぞれの特徴を活かしてパネル、シート、パイプ等の成形品のほか、塗料、接着剤な
ども高分子素材であり、多様な建築材料として用いられている。　　　　　（Ko）

ディオール表参道

所在地	東京都渋谷区神宮前五丁目 9-11
竣工年	2003年
設計者	妹島和世+西沢立衛/SANAA
主用途	店舗

ディオール表参道は、ブランドストリートにあって建物全体をクリスチャン・ディオールの広告塔としての役割をもたせ、白いドレスのようと表現される華やかで魅力的なビルである。この建物のファサードは透明度の高い高透過合わせガラスで覆われているが、ガラスの内側にもう一枚の布のようなドレープ（ひだ）状のアクリルカーテンがある2重構成の外壁となっていて、光がそれぞれに反射して揺れるように見え、素材が不思議な効果を発揮している。

アクリルは、透明性の高いプラスチックで、熱可塑性があるため複雑な形状に加工することが可能で、ガラスの代替品として用いられることが多い。近年は、ガラスでは困難な厚さや形状で、しかも強度のある透明な素材として水族館での大型水槽展示などにも用いれている。また、着色も容易でガラ代替だけでなく、さまざまな日用どにも利用される。

この建物のアクリルには、白いストプが印刷されており、光を半透過すうな効果を持たせている。また、カを透しつつ、ガラスには無いプラスク特有の柔らかさを感じることがこと、プラスチックの加工性のよさかして三次元的で複雑な曲面をもたことなど、プラスチックの素材として徴を引き出した建物といえる。

新豊洲ブリリア ランニングスタジアム

所在地　東京都江東区豊洲六丁目 4-2
竣工年　2016 年
設計者　武松幸治＋ E.P.A 環境変換装置建築研究所
主用途　スポーツ練習場

この建物は、集成材＋鉄骨のアーチフレームと ETFE 膜とで構成されたスポーツ施設で、トップパラリンピア育成支援の拠点である。近年、Allianz Arena・ミュンヘンや国家遊泳中心・北京など、ETFE（エチレンーテトラフルオロエチレン共重合体）フィルムを使用した膜構造物が、スポーツ施設を中心に世界各地で建設されている。ETFE は、透過性に優れ、高い耐久性を備え、軽量なため、大スパンの開放空間を実現できる素材で、この建物は、クッション形式の ETFE 膜によって外観は浮遊感があり、内部は湾曲集成材による構造体と、膜から入る拡散光により明るい空間が形成されている。　　　　　　　　　(Ko)

日本建築仕上学会賞受賞作品

ほうとう不動

所在地　山梨県南都留郡富士河口湖町船津東恋路 2458　　設計者　保坂猛建築都市設計事務所
竣工年　2009 年　　　　　　　　　　　　　　　　　　主用途　店舗

躯体は鉄筋コンクリート躯体シェル工法で、鉄筋コンクリート躯体と GRC（ガラス繊維強化セメントコンクリート）で硬質ウレタンをサンドイッチし、強度と断熱性能を高め長寿命なシェルを実現したものだという。外壁仕上げは GRC15㎜にウレタン塗膜防水（施工時に垂れる前に硬化するものを採用）、その上にトップコート白射熱仕様＋光触媒。和風を求めるクライアントに対し「富士に浮かぶ雲のイメージ」で提案し、理解を得られたデザインで進められたもの。　　　　(※)

北沢建築工場

所在地　長野県上伊那郡箕輪町大字中箕輪 1738　　　　設計者　MSD ／ Ms 建築設計事務所
竣工年　2009 年　　　　　　　　　　　　　　　　　　主用途　工場

工場棟は、地場産スギ製材を用い構成された樹状トラスとルーバー状方杖垂木を用い 18m スパンの大空間の屋根架構を支えている。外壁は長手方向の南北面では、建物のボリューム感を押さえるため、ダークブラウンのガルバリウム鋼板波板と、シルバー色の透湿防水シート＋透明ポリカーボネート波板が 1 間ごとに交互に使われる工夫もなされ、ユニークな表情となっている。研修棟は 2 間角の建物に 4 畳半の茶室を設けたもの。木材はすべて長野県産のヒノキで、千紙を対角線で折ったような屋根形状、登り梁と垂木とが、葉脈のように見えるデザインとされている。　　　(※)

鉄 鋼

　人類と鉄の歴史は紀元前1400年頃のヒッタイトに由来するとされ、日本には5〜6世紀ごろに伝来し、たたら製鉄法として定着した。現在の製鉄法は、鉄鉱石から銑鉄を生産する製銑プロセスと、主に炭素量を調整して鋼鉄をつくる製鋼プロセスに分けられ、前者では高炉や転炉が、後者では転炉や電炉が用いられる。なお、鉄筋はリサイクル鋼の使用率が高く、これには電炉が用いられている。

　鉄の性質は含有する炭素量により変化し、炭素含有率が0.04％を超えるものを鉄鋼（steel）と呼び、炭素量が0.04％を下回る鉄（iron）とは区別される。建築用途では炭素含有量が0.4％程度までの軟鋼が用いられる。微量元素の添加や熱処理によりその性質が変化することでも知られ、これらを組み合わせて建築構造用圧延鋼材（SN材）、TMCP鋼、高張力鋼などが開発・利用されている。建築分野における鋼材の利用は、各種型鋼や軽量鉄骨などの構造材料、鉄筋コンクリート造の鉄筋、鋼線、釘や金物など各種構造要素材料としての利用に加え、折板屋根などの屋根材、外壁パネルなどの外装材、扉や手すり、窓枠などの建具など多岐にわたる。力学的には加力に伴い弾性域に続き大きな塑性変形をすることが特徴で、塑性変形に伴うエネルギー吸収を考慮した設計が行われる。水分や塩分が作用する環境下では錆に対する対応が必要で、対策として防錆塗料や溶融亜鉛めっき処理などが施される。鋼材は不燃性であるが実は熱には弱く、500℃程度の受熱で強度は50％程度まで低下するため耐火被覆などの対策が必要となる。　　　　　　　　　　　　　　　（Ka）

RONY SPACE　　IRONHOUSE

地	東京都世田谷区成城二丁目10-13	所在地	東京都世田谷区
年	2007年	竣工年	2010年
者	アーキテクトファイブ	設計者	椎名英三建築設計事務所＋梅沢建築構造研究所
途	事務所	主用途	専用住宅

時間とともに赤褐色から青緑色にし、緻密な被膜を形成する。この元鋼に取り込んだのが高耐候性鋼で。1910年代に欧米で本格的に研究、当時アメリカでコールテン（COR-）鋼として販売された。IRONY CE（写真1）とIRON HOUSE（写真構造家の梅沢良三による高耐候性用いた建築物の代表作として、前2003年、後者は2007年に誕生し後者のIRON HOUSEは2009年に建築士会「住宅建築賞」金賞に、本2010年の作品賞に、そして2011

年には日本建築学会の作品賞に選定されている。高耐候性鋼独特の緻密な錆によって構成されるテクスチャーが全面的に表れているこの建築はまさに、素材の圧倒的な存在感を表している。
しかし、ここで紹介するのはIRON HOUSEの完成4年前に先立って建設された IRONY SPACE である。この建物はスティールによって構成される面材とそれによって展開される開放的な空間が特徴的であるが、材料学的に紹介したいのはこの建物の裏側の壁面である（写真3）。高耐候性鋼の緻密な錆層は無

条件に出来るものではない。梅沢は高耐候性鋼からの錆の不測の流出を防ぐために歩道に面する部分には防水対応の黒い塗装を施した。実は梅沢は、むしろこの建物裏側の壁面を日々観察し、成城の地で高耐候性鋼に緻密な被膜が形成されることを検証していたのである。これは壮大な暴露試験である。この実証実験を経て数々の賞を受賞するIRON HOUSEは誕生した。材料分野に関わるものとして、IRONY SPACEを陰の立役者として紹介したい。　　　(Im)

◁写真1

△写真2（写真提供：梅沢良三）

△写真3（写真提供：梅沢良三）

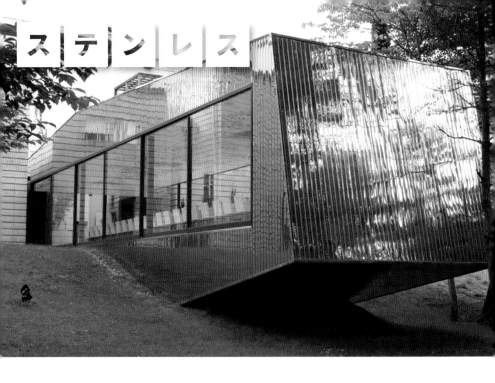

ス テ ン レ ス

　錆びずに永遠にそのままの姿をとどめることのできる金属の開発は、人類の悲願であった。汚れ（Stain）の少ない（Less）鋼材としていわゆるステンレス鋼（以下ステンレス）が実用化したのは20世紀の初頭のことで、マンハッタンのクライスラービル（1930）のアールデコ調の尖塔部分は象徴的に有名である。ステンレスは、鉄に対して炭素を1.2%以下、クロムを10.5%以上含有する金属と定義され、クロムとニッケルとの両方を添加したCr-Ni系ステンレス（SUS304（18Cr-8Ni）など）、クロムのみを添加したCr系ステンレス（SUS430（18Cr）、SUS410（13Cr）など）およびその他に大別される。ステンレスの特徴は、何といってもその耐食性にあり、一般環境下では、表面にクロム酸化物の安定な不動態皮膜を生じるため、腐食の進行が極めて遅く、その名称通りほとんど錆びることはない。力学的性質は種類によって異なるが、例えばSUS304の場合、普通鋼を比較して強度および塑性変形能力に優れるが、降伏点が不明瞭で、弾性領域の応力とひずみの関係が非線形であるといった特徴を有する。そのため、ステンレスを建築構造用材料として鋼材を用いる場合、基準強度としては0.1%オフセット耐力が用いられる。

　ステンレスの建材としての用途は、耐久性、メンテナンス性、耐火性などに期待して、屋根材や外装材としての利用が多い。その他の用途では、レンジフードやシンクなどの厨房関連、給湯機器などに使用されているほか、手すりやドアノブ、クレセントなど強度と耐久性が求められる建築金物として多用される。　　　　　（Ka）

京カテドラル
マリア大聖堂

地　　東京都文京区関口三丁目16-15
年　　1964年
者　　丹下健三＋都市建築設計研究所
途　　宗教施設

しなやかな曲面による外壁は見る位置によって、その輝きを刻々と変化させる。東京カテドラル聖マリア大聖堂は、指名コンペにおいて前川國男、谷口吉郎を抑えて勝利した丹下健三の設計により、1964年に竣工した。4組、計8枚のHPシェルがお互いにもたれるようにして聖堂の空間を包み込む。1階平面では菱形の祈りの場となり、屋根頂部では十字架のトップライトとなる。

当初シェルは耐久性の観点から砕石を打ち込んだプレキャストコンクリートが検討されたものの、パネル形状が一枚ごとに異なり、共通化できない点や、製作方法や重量などの観点から、基本設計段階で現場打ちRCとステンレスの外装材の組み合わせに変更された。ステンレスの外装は直線状のモールディングの間に目板を差し込む納まりで、直線群によって構成できるというHPシェルのもつ数学的特性が活かされている。施工の合理性と意匠が高い次元で融合しているといえよう。

ただ雨水の一部が裏側に回り込むことを許容する納まりだったため、経年により下地の傷みが目立ってきたことを受け、2007年の大改修工事の際に全面張り替えられた。原設計のイメージを維持できる瓦棒葺きとし、既存より熱膨張係数が小さい高耐食性フェライト系ステンレスを採用して耐候性を高めている。瓦棒葺き、野地板のルーフィング、躯体の塗膜防水の三段構えで防水する設計である。　　　　　　　　　　（B）

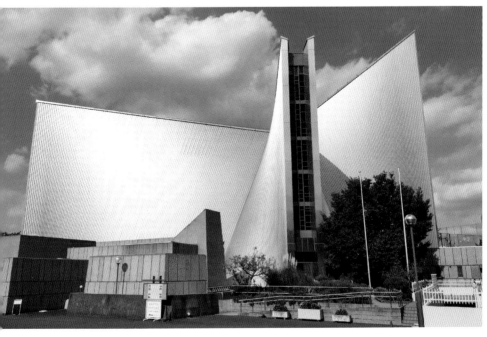

　1円玉の素材として知られるアルミニウムは、1886年の電気精錬法（ホール・エルー法）の開発により工業生産が可能となった比較的新しい金属である。建築分野では、20世紀初頭の工業化住宅の潮流の中で、アルバート・フライやバックミンスター・フラーといった建築家たちにより野心的なアルミニウム建築（アルミネアハウス／ウィチタハウス）が次々と発表され、世界に衝撃を与え広く知られることとなった。アルミニウムは、押出成形加工により精度の高い断面加工が可能で、窓枠などの複雑な断面を持つ線材に適している。わが国では、1952年には本格的な押出成形のアルミサッシュが日本相互銀行（前川國男）で使用され、その後高度成長を背景に爆発的に普及した。近年では、環境への配慮の重要性の認識が高まっていることから、リサイクルという視点からの利用が期待されている。

　比重が鋼材の半分以下と小さく、一般的な大気環境でも優れた耐候性・耐食性を発揮するため、外装用アルミパネルやアルミカーテンウォールとしても利用される一方で、そのシャープなデザイン性を活かし、家具や装飾品などへの適用事例も多い。熱伝導が高く、サッシュなどに用いた場合に熱橋を構成してしまうことや、融点が660°と低い点に注意が必要である。　　　　　　　　　　　　　　　　　（Ka）

目黒区総合庁舎
千代田生命本社ビル

所在地　東京都目黒区上目黒二丁目
　　　　19-15

竣工年　1966年（2003年改修）

設計者　村野・森建築事務所
　　　　（改修設計：安井建築設計事務所）

用途　　庁舎

アルミ鋳物によるブリーズ・ソレイユの足元は細く、軽く降り立つように、テッセラ張りの妻壁は曲面をもって大地と接する。目黒区総合庁舎はもともと千代田生命本社ビルとして建設された。航空機の翼のような車寄せ、列車を思わせる渡り廊下などの工業的要素がある一方で、広場に開けられた孔からは茶室が顔をのぞかせ、石組は崩れるように芝や水となじんでいく。さまざまな断片が不思議と調和しつつ全体を構成する姿は、どこか空想的でさえある。

ブリーズ・ソレイユのアルミ鋳物パネルは、鋳造に適したシルミン系アルミ合金を使用し、表面はアクリル樹脂焼付塗装とした。竣工時はアンバーがかったグレーで、ブリーズ・ソレイユの奥に生まれる影と同系色の濃淡が不思議な立体感を生み出していたという。現在は明るいグレーに塗装され、当時の印象は失われているが、柔らかな形状に鋳物の特性をみることができる。表面の細かな凹凸はのこくずとプラスチックを混ぜたものを木型に練り付けて表現し、柱のカーブは設計者である村野藤吾自身が触れて出したものである。
なおスパンドレルパネルなど、部分的にしか採用されてこなかったアルミ鋳物を、ファサードの主役として抜擢した世界初の事例であることも特筆されよう。このパネルは「アルキャスト」として製品化され、日本のみならず、ジュネーブのILO本部ビルやミュンヘンのBMW本社屋など海外の建築物にも採用された。　　　（B）

GINZA PLACE

所在地	東京都中央区銀座五丁目 8-1
竣工年	2016 年
設計者	大成建設一級建築士事務所
	クライン ダイサム アーキテクツ
主用途	店舗

白磁のような柔肌のような、光を覆い隠す柔らかいレースのような、数式が描く 3 次元アートのような不思議な表情をしたこの建物は、月並みな言葉だが、銀座の新たなランドマークとして和光本館のはす向かいに登場した。5000 枚を超える大小様々な大きさの菱型のアルミパネルは、アルミパネルのシャープな直線的な表情を保持しつつその密度を変え、外装をデザインしたクライン ダイサム アーキテクツの言葉を借りれば、「ゆったりとした曲線が連続し建築自体が上昇していくようなデザインで精緻さと優雅さを同時に表現している」。納得だ。(Ka)

日本建築仕上学会賞受賞

YKK80 ビル

所在地	東京都千代田区神田和泉町 1 番地
竣工年	2015 年
設計者	日建設計
主用途	事務所

ファスナー・アルミ製品等の総合メーカーの「カンパニーイメージの表現」としての新社屋。エントランスホールは、この建築物のためだけに考えられた Y 型のアルミ押出形材が天井から柳の葉のように吊り降ろされ、照明との組合せによって、シンプルながらもボリューム感のある光の演出が気持ちのよい空間となっている。上階のワークプレイスは、社員の視界を遮らないような高さの家具やパーテーションで統一された見通しの良い空間が用意されており、天井には、柔らかな輪郭をもったアルミ製の放射パネルがさざ波のように配置。　　　　　　　　　　　　　　　　(※)

チタンは地殻を構成する成分として９番目に多い元素で、遷移元素（≒金属）としては鉄に次いで多く含まれるありふれた元素である。しかしながら、金属チタンの工業生産化に成功したのはごく最近のことで、開発当初はあまりにも高価だったため軍需産業での利用が先行し、建築への利用は僅かであった。金属チタンは酸、アルカリ、有機酸など、いずれの腐食因子に対しても化学的に安定で、一般的な環境下では圧倒的な耐食性・耐久性を有することで知られる。また、比重は、鉄の60％程度でアルミニウムの1.7倍程度と軽く、線膨張係数が小さく、熱伝導率も小さいことから、外壁材や屋根材としてとして利用される。その魅力は、その独特の金属光沢にあり、フランク・O・ゲーリーのビルバオ・グッゲンハイム美術館などではその奇抜なデザインを素材の魅力で支えた。

なおメタル素材では無いが、酸化チタン（TiO_2）は塗料などの白色顔料として広く一般的に用いられている。一方、酸化チタンの一部（TiO_2：アナターゼ型が多い）は光触媒効果を持つとされ、材の表面の親水性を高めた洗浄効果と有機物分解機能を有する。近年では、様々な材に対して酸化チタン処理が施され、表面の汚れを自然に除去する光触媒建材として製品化されている。 (Ka)

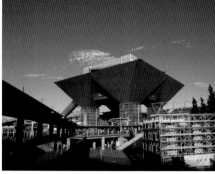

東京国際展示場
ビックサイト

所在地	東京都江東区有明三丁目 11-1
竣工年	1995 年
設計者	佐藤総合計画
主用途	コンベンションセンター

東京ビックサイトは、臨海副都心の開発を象徴する日本最大の
コンベンションセンターである。東京湾内の飛来塩分が想定さ
れる環境下において、従来のメンテナンス手法をうけつけない
オーバーハングした特徴的な逆三角型の外壁面は、用いること
のできる素材を限定した。チタンは塩害環境における耐久性に
極めて優れており、ほぼメンテナンスフリーとなることから採
用され、24 年を経過した現在においても当初のままの金属光沢
と風合いを維持している。とかく耐久性に目の行くチタンであ
るが、独特の金属光沢も見逃すことはできない。　　　　(Ka)

金龍山淺草寺
宝蔵門、本堂、五重塔

所在地	東京都台東区浅草二丁目
竣工年	宝蔵門 (2007 年)、本堂 (2010 年)、 五重塔 (2017 年)　ただしいずれも改修年
設計者	不明
主用途	寺社

チタンは比重が 4.51 と金属の中でも軽く、普通鋼を凌ぐ高い強
度を有し、そして化学的に安定で腐食することが無い。建材と
しては、フランク・O・ゲーリーのビルバオグッゲンハイム美
術館の奔放な形態の外壁に採用されたことで知られるように
なった。ここで挙げた浅草寺では、宝蔵門の大改修 (2007 年)
の際にチタン製瓦が採用された。チタン瓦は、軽量で耐食性に
優れるだけではなく、表面のアルミナブラスト加工により本瓦
の風合いを維持することが出来るため採用され、本瓦を置き換
えることで屋根重量を 1/5 に減じることに成功した。　　(Ka)

　銅は明るい赤褐色（赤銅色）の金属で、比較的安価で金属としては銀の次に導電性が高いことから、電線やケーブルなどに用いられる。建築材料としては、その耐久性の高さと加工性の良さから建築金物や装飾建材として広く用いられるとともに、熱伝導の高いことを利用して給湯配管類にも用いられている。なかでも屋根材としては古くから利用されており、寺社仏閣などで用いられることが多く、付随する庇や笠木、樋などにも使われる。屋根などに用いられた銅は、一定の条件のもとで経年すると、空気中の酸素、二酸化炭素、水分、塩分などの作用で赤褐色から暗褐色へと変化し、さらには表層に美しい緑青（ろくしょう）を生成して安定する。通常の環境下においては、屋根が緑青色に色づくまで十数年かかるが、現在では薬品の塗布により化学的に緑青を生成させた人工緑青処理を施した製品も利用されている。一方、素材として銅を見た場合、屋根などに用いられる純銅（タフピッチ銅）以外にも、添加物の種類に応じて、黄銅（亜鉛との合金）、青銅（錫との合金）、洋白（ニッケル）などが用いられており、用途に応じて使い分けられる。黄銅は、別名真鍮と呼ばれ黄金色の美しい色合いを示し、古くからドアノブなどの建具として利用されてきた。また、青銅は別名ブロンズと呼ばれ、文字通り青緑色で耐食性が高く、飾り格子などの装飾建材に用いられている。　　　　　　　　　　　　　　　（Ka）

大倉集古館

所在地	東京都港区虎ノ門二丁目10-3
竣工年	1923年
設計者	伊東忠太
主用途	美術館

大倉集古館は、実業家大倉喜八郎による日本最初の私立美術館である。現存する建物は伊東忠太の設計によるものである。最初の集古館（1917年）は、関東大震災で焼失したため、伊東忠太は耐震耐火の建物にしたという。隣接するホテルオークラの改修に伴い、大倉集古館は曳家され補修改修工事が行われた。建物の象徴である銅板屋根の緑青色を保つために、既存の銅板屋根は再利用され現在も100年前と同じ素材で建物の外観を維持している。　　　　　　　　　　　　　　　　　　　　　（N）

Miu Miu Aoyama

所在地	東京都港区南青山三丁目17-8
竣工年	2015年
設計者	ヘルツォーク＆ド・ムーロン
主用途	店舗

ヘルツォーク＆ド・ムーロンの建築は銅の新しい魅力を発見させてくれる。初期にはスイス、バーゼルの信号灯で、その後はサンフランシスコのデ・ヤング美術館で、銅を外装として用い、その古くて新しい素材の美しさを引き出している。Miu Miu Aoyamaは、艶消し処理したステンレス圧延素地材が外装に用いられ、一見そのそっけない箱のようなたたずまいであるが、箱のふたのようなキャノピーの裏には、エンボス加工した銅板が艶めかしく張り合わされ、設計者の意図する通り宝石箱のようなゴージャスな空間が体現されている。　　　　（Ka）

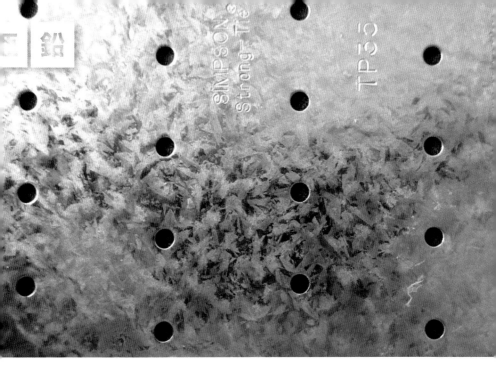

　亜鉛は、真鍮や洋白などの合金に含まれるほか、溶融亜鉛めっきとして鋼材の保護に利用される。中でも鋼板に亜鉛めっきを施したものはトタンなどと呼ばれ、古くからバケツやじょうろなどの日用品に用いられるほか、建築に用いられる素材としては屋根材や外装材として利用されてきた（厚さが薄く波板形状のものが多かった）。溶融亜鉛めっきは、溶融した亜鉛に型鋼などの鋼材をどぶ漬けし、母材表面に100〜150μmほどの合金層を形成する加工技術である。傷などが生じてもイオン化傾向の差から亜鉛が優先的に腐食することで鋼材の腐食から守る「犠牲防食作用」と、めっき自体の緻密な層が鋼材を守る「保護作用」により、高い防食効果が得られることから、外部の構造体、非常階段や手すり、屋上の造作物など風雨などに曝される鋼製の部材に多用される。あらわしではスパングルと呼ばれる花状モザイク状の模様が見られるが、溶融亜鉛めっきの上にさらに塗装が施されている場合もある。なお、めっき層に用いる金属をアルミニウム（55%）と亜鉛の合金としてめっきを施した鋼板は、特にガルバリウム鋼板と呼ばれ、腐食しにくく美観が損なわれ難い外装や屋根材として利用されている。　　　　　　　　　　　　　　　　（Ka）

鉛

　鉛は、建築材料として用いられる金属の中でも特に融点が低く（327℃）、変形性能が大きく加工性に優れるとともに、比重が大きい（11.3）のが特徴である。建材として利用された歴史も古く、ローマの水道に用いられていたことは有名である。鉛管として用いたり、陶管などのシール材として用いられていたようである。わが国では、明治に入って水道用鉛管として使用され始め、その後、防水材料、放射線遮蔽材、防音材などの用途に広がっていった。また、鉛の用途のひとつに顔料および防錆塗料としての利用が挙げられ、特に鉄骨造の鋼材や鋼製窓枠などの防錆塗料として長きにわたって用いられてきた。しかしながら、鉛の摂取は鉛中毒の原因となることが知られており、20世紀後半から徐々に対策が取られ、防錆塗料や水道管などにおける鉛の使用はほぼ廃絶され、建築分野では放射線の遮蔽材や防音材などへの利用が主要なものとなった。一方で、新たな用途として、免震構造のダンパーとしての利用が増えてきている。鉛は変形能力が大きく常温で再結晶することから、繰り返し変形性能に優れており、高いエネルギー吸収材として安定した性能を示す。この点を利用し、変形性能を活かした単体の鉛プラグや、積層ゴムの中央に鉛プラグを配置した鉛プラグ入り積層ゴムなどが開発され、免震構造で一般的に採用されるようになっている。
（Ka）

東京武道館

所在地	東京都足立区綾瀬三丁目 20-1
竣工年	1989 年
設計者	六角鬼丈計画工房
主用途	武道館

伝統様式によらず、日本人の自然観や心象風景をテーマとして、武道館としての表現が試みられた。切妻、山並など日本の原風景を想起させる形として菱形が選択され、その集積が空間を覆っている。屋根は鉛とステンレスの複合板で、灰白色の酸化被膜のムラが瓦や漆喰のようなあたたかい表情をもつ。妻面は亜鉛めっき鋼板に灰紫系のフッ素樹脂メタリック塗装したパネルで、光線により銀色から紫色へと色調が変化する。分解されたスケールと金属素材の"毛深い"使い方により、周辺環境に溶け込む、濃密な外観が獲得された。　　　　　　　　(B)

瑞龍寺仏殿

所在地	富山県高岡市関本町 35
竣工年	1659 年
設計者	不明
主用途	寺社

瑞龍寺の山門をくぐるとまず目に入るのが、総欅造りで建立された仏殿である。

仏殿は瑞龍寺の中央に位置しており、禅宗七堂伽藍人体表相図によると腹部に位置する。急勾配の屋根面は、建立当初こけら葺きだったが、現存するものは鉛瓦で葺かれている。この鉛瓦は、木製の瓦の上に厚さ 1 mm の鉛板を打ち付けて作製されている。

鉛瓦にした理由は、屋根荷重の軽減、美観を保つ、凍結に強い、戦争の際に鉄砲の弾として使用するためなど諸説あるが、さておき芝生の緑に白い屋根が映える。　　　　　　　　(Is)

執 筆 者

執筆担当表記

Is ——— **石原　沙織** (いしはら・さおり)
　　　　　千葉工業大学創造工学部建築学科　准教授

Im ——— **今本　啓一** (いまもと・けいいち)
　　　　　東京理科大学工学部建築学科　教授

Ka ——— **兼松　学** (かねまつ・まなぶ)
　　　　　東京理科大学理工学部建築学科　教授

Ki ——— **木村　直樹** (きむら・なおき)
　　　　　㈱テツアドー出版

Ko ——— **小山　明男** (こやま・あきお)
　　　　　明治大学理工学部建築学科　教授

T ——— **田村　雅紀** (たむら・まさき)
　　　　　工学院大学建築学部建築学科　教授

N ——— **永井　香織** (ながい・かおり)
　　　　　日本大学生産工学部建築工学科　准教授

B ——— **馬場　英実** (ばば・ひでみ)
　　　　　KLOP　代表

※ ——— **日本建築仕上学会賞受賞作品推薦文 (要約)**

素材から読み解く建築ガイド
architecture guide by materials

発行日　令和2年3月20日　第1版第1刷

編　集　日本建築仕上学会
　　　　〒108-0014　東京都港区芝 5-26-20
　　　　建築会館6F　TEL 03-3798-4921
　　　　http://www.finex.jp

発　行　㈱テツアドー出版
　　　　〒165-0026　東京都中野区新井 1-34-14
　　　　TEL 03-3228-3401　FAX 03-3228-3410

価　格　**1,500円** (＋消費税)